THIS HIKING JOURNAL BELONGS TO:

_____

_____

_____

Observances(nature, wildlife, etc): _____ _____

_____

_____

Most memorable event: _____

_____

_____

Notes for next time: _____

_____

_____

_____

_____

Trail drawing / Favorite photo:

Hike/Trail Name:

City / State: _____ Date: _____

Location: _____

Time: *Start:* _____ *End:* _____

Total Duration: _____ Total Distance: _____

Elevation Gain / Loss: _____

Trail(s): _____

_____

Difficulty: ⯪ ☆ ☆ ☆ ☆   Rating: ⯪ ☆ ☆ ☆ ☆

Weather: ☀ ⛅ 🌦 ☁ 🌧 ⛈ 🌨 🌡___

GPS: *Start:* _____ *End:* _____

Trail Type: ○ Out & Back ○ Loop ○ Onc Way / Shuttle

Trail Conditions: _____

Trail Surface: _____

Terrain / Sightings: _____

_____

Cell Phone Reception: _____

Hiked with: _____

_____

Water Available: _____

Facilities: _____

_____

Food & Beverages: _____

_____

Observances(nature, wildlife, etc):_____

_____

_____

Most memorable event: _____

_____

_____

Notes for next time: _____

_____

_____

_____

_____

Trail drawing / Favorite photo:

Hike/Trail Name:

City / State: _____ Date: _____

Location: _____

Time: *Start:* _____ *End:* _____

Total Duration: _____ Total Distance: _____

Elevation Gain / Loss: _____

Trail(s): _____

_____

Difficulty: ⯪☆☆☆☆   Rating: ⯪☆☆☆☆

Weather: ☀ ⛅ 🌦 ☁ 🌧 ⛈ 🌨 🌡

GPS: *Start:* _____ *End:* _____

Trail Type: ○ Out & Back ○ Loop ○ One Way / Shuttle

Trail Conditions: _____

Trail Surface: _____

Terrain / Sightings: _____

_____

Cell Phone Reception: _____

Hiked with: _____

_____

Water Available: _____

Facilities: _____

_____

Food & Beverages: _____

_____

Observances(nature, wildlife, etc):_____

_____

_____

Most memorable event: _____

_____

_____

Notes for next time: _____

_____

_____

_____

_____

Trail drawing / Favorite photo:

Hike/Trail Name:

City / State: _____ Date: _____

Location: _____

Time: *Start:* _____ *End:* _____

Total Duration: _____ Total Distance: _____

Elevation Gain / Loss: _____

Trail(s): _____

_____

Difficulty: ⭐☆☆☆☆   Rating: ⭐☆☆☆☆

Weather: ☀️ ⛅ 🌦️ ☁️ 🌧️ ⛈️ 🌨️ 🌡️

GPS: *Start:* _____ *End:* _____

Trail Type: ○ Out & Back ○ Loop ○ Onc Way / Shuttle

Trail Conditions: _____

Trail Surface: _____

Terrain / Sightings: _____

_____

Cell Phone Reception: _____

Hiked with: _____

_____

Water Available: _____

Facilities: _____

_____

Food & Beverages: _____

_____

Observances(nature, wildlife, etc):_____

_____

_____

Most memorable event: _____

_____

_____

Notes for next time: _____

_____

_____

_____

_____

Trail drawing / Favorite photo:

Hike/Trail Name:

City / State: _____ Date: _____

Location: _____

Time: *Start:* _____ *End:* _____

Total Duration: _____ Total Distance: _____

Elevation Gain / Loss: _____

Trail(s): _____

_____

Difficulty: ⯪ ☆ ☆ ☆ ☆   Rating: ⯪ ☆ ☆ ☆ ☆

Weather: ☀ ⛅ 🌦 ☁ 🌧 ⛈ 🌨 🌡

GPS: *Start:* _____ *End:* _____

Trail Type: ○ Out & Back ○ Loop ○ One Way / Shuttle

Trail Conditions: _____

Trail Surface: _____

Terrain / Sightings: _____

_____

Cell Phone Reception: _____

Hiked with: _____

_____

Water Available: _____

Facilities: _____

_____

Food & Beverages: _____

_____

Observances(nature, wildlife, etc): _____

_____

_____

Most memorable event: _____

_____

_____

Notes for next time: _____

_____

_____

_____

_____

Trail drawing / Favorite photo:

Hike/Trail Name:

City / State: _____ Date: _____

Location: _____

Time: *Start:* _____ *End:* _____

Total Duration: _____ Total Distance: _____

Elevation Gain / Loss: _____

Trail(s): _____

_____

Difficulty: ⯪ ☆ ☆ ☆ ☆   Rating: ⯪ ☆ ☆ ☆ ☆

Weather: ☀ ⛅ 🌦 ☁ 🌧 ⛈ 🌨 🌡 _____

GPS: *Start:* _____ *End:* _____

Trail Type: ◯ Out & Back ◯ Loop ◯ One Way / Shuttle

Trail Conditions: _____

Trail Surface: _____

Terrain / Sightings: _____

_____

Cell Phone Reception: _____

Hiked with: _____

_____

Water Available: _____

Facilities: _____

_____

Food & Beverages: _____

_____

Observances(nature, wildlife, etc): _____

_____

_____

Most memorable event: _____

_____

_____

Notes for next time: _____

_____

_____

_____

_____

Trail drawing / Favorite photo:

Hike/Trail Name:

City / State: _____ Date: _____

Location: _____

Time: *Start:* _____ *End:* _____

Total Duration: _____ Total Distance: _____

Elevation Gain / Loss: _____

Trail(s): _____

_____

Difficulty: ⭐️☆☆☆☆   Rating: ⭐️☆☆☆☆

Weather: ☀️ ⛅️ 🌦️ ☁️ 🌧️ ⛈️ 🌨️ 🌡️

GPS: *Start:* _____ *End:* _____

Trail Type: ○ Out & Back ○ Loop ○ One Way / Shuttle

Trail Conditions: _____

Trail Surface: _____

Terrain / Sightings: _____

_____

Cell Phone Reception: _____

Hiked with: _____

_____

Water Available: _____

Facilities: _____

_____

Food & Beverages: _____

_____

Observances(nature, wildlife, etc): _____

_____

_____

Most memorable event: _____

_____

_____

Notes for next time: _____

_____

_____

_____

_____

Trail drawing / Favorite photo:

Hike/Trail Name:

City / State: _____ Date: _____

Location: _____

Time: *Start:* _____ *End:* _____

Total Duration: _____ Total Distance: _____

Elevation Gain / Loss: _____

Trail(s): _____

_____

Difficulty: ⯪ ☆ ☆ ☆ ☆   Rating: ⯪ ☆ ☆ ☆ ☆

Weather: ☀ ⛅ 🌦 ☁ 🌧 ⛈ 🌨 🌡 _____

GPS: *Start:* _____ *End:* _____

Trail Type: ○ Out & Back ○ Loop ○ One Way / Shuttle

Trail Conditions: _____

Trail Surface: _____

Terrain / Sightings: _____

_____

Cell Phone Reception: _____

Hiked with: _____

_____

Water Available: _____

Facilities: _____

_____

Food & Beverages: _____

_____

Observances(nature, wildlife, etc): _____

_____

_____

Most memorable event: _____

_____

_____

Notes for next time: _____

_____

_____

_____

Trail drawing / Favorite photo:

Hike/Trail Name:

City / State: _____ Date: _____

Location: _____

Time: *Start:* _____ *End:* _____

Total Duration: _____ Total Distance: _____

Elevation Gain / Loss: _____

Trail(s): _____

_____

Difficulty: ⭐️☆☆☆☆   Rating: ⭐️☆☆☆☆

Weather: ☀️ ⛅️ 🌦️ ☁️ 🌧️ ⛈️ 🌨️ 🌡️

GPS: *Start:* _____ *End:* _____

Trail Type: ○ Out & Back ○ Loop ○ One Way / Shuttle

Trail Conditions: _____

Trail Surface: _____

Terrain / Sightings: _____

_____

Cell Phone Reception: _____

Hiked with: _____

_____

Water Available: _____

Facilities: _____

_____

Food & Beverages: _____

_____

Observances(nature, wildlife, etc):_____

_____

_____

Most memorable event: _____

_____

_____

Notes for next time: _____

_____

_____

_____

_____

Trail drawing / Favorite photo:

Hike/Trail Name:

City / State:_____ Date:_____

Location:_____

Time: *Start:*_____ *End:*_____

Total Duration:_____ Total Distance:_____

Elevation Gain / Loss:_____

Trail(s):_____

_____

Difficulty: ⭐☆☆☆☆   Rating: ⭐☆☆☆☆

Weather: ☀ ⛅ 🌦 ☁ 🌧 ⛈ 🌨 🌡

GPS: *Start:*_____ *End:*_____

Trail Type: ○ Out & Back ○ Loop ○ One Way / Shuttle

Trail Conditions:_____

Trail Surface:_____

Terrain / Sightings:_____

_____

Cell Phone Reception:_____

Hiked with:_____

_____

Water Available:_____

Facilities:_____

_____

Food & Beverages:_____

_____

Observances(nature, wildlife, etc): _____

_____

_____

Most memorable event: _____

_____

_____

Notes for next time: _____

_____

_____

_____

_____

Trail drawing / Favorite photo:

Hike/Trail Name:

City / State:_____ Date:_____

Location:_____

Time: *Start:*_____ *End:*_____

Total Duration:_____ Total Distance:_____

Elevation Gain / Loss:_____

Trail(s):_____

_____

Difficulty: ★⯨☆☆☆☆   Rating: ★⯨☆☆☆☆

Weather: ☀ ⛅ 🌦 ☁ 🌧 ⛈ 🌨 🌡

GPS: *Start:*_____ *End:*_____

Trail Type: ○ Out & Back ○ Loop ○ One Way / Shuttle

Trail Conditions:_____

Trail Surface:_____

Terrain / Sightings:_____

_____

Cell Phone Reception:_____

Hiked with:_____

_____

Water Available:_____

Facilities:_____

_____

Food & Beverages:_____

_____

Observances(nature, wildlife, etc): _____

_____

_____

Most memorable event: _____

_____

_____

Notes for next time: _____

_____

_____

_____

_____

Trail drawing / Favorite photo:

Hike/Trail Name:

City / State: _____ Date: _____

Location: _____

Time: *Start:* _____ *End:* _____

Total Duration: _____ Total Distance: _____

Elevation Gain / Loss: _____

Trail(s): _____

_____

Difficulty: ⯪ ☆ ☆ ☆ ☆   Rating: ⯪ ☆ ☆ ☆ ☆

Weather: ☀ ⛅ 🌦 ☁ 🌧 ⛈ 🌨 🌡___

GPS: *Start:* _____ *End:* _____

Trail Type: ○ Out & Back ○ Loop ○ One Way / Shuttle

Trail Conditions: _____

Trail Surface: _____

Terrain / Sightings: _____

_____

Cell Phone Reception: _____

Hiked with: _____

_____

Water Available: _____

Facilities: _____

_____

Food & Beverages: _____

_____

Observances(nature, wildlife, etc):_____
_____
_____

Most memorable event: _____
_____
_____

Notes for next time: _____
_____
_____
_____
_____

Trail drawing / Favorite photo:

Hike/Trail Name:

City / State:_____ Date:_____

Location:_____

Time: *Start:*_____ *End:*_____

Total Duration:_____ Total Distance:_____

Elevation Gain / Loss:_____

Trail(s):_____

_____

Difficulty: ★ ☆ ☆ ☆ ☆   Rating: ★ ☆ ☆ ☆ ☆

Weather: ☀ ⛅ 🌦 ☁ 🌧 ⛈ 🌨 🌡

GPS: *Start:*_____ *End:*_____

Trail Type: ○ Out & Back ○ Loop ○ One Way / Shuttle

Trail Conditions:_____

Trail Surface:_____

Terrain / Sightings:_____

_____

Cell Phone Reception:_____

Hiked with:_____

_____

Water Available:_____

Facilities:_____

_____

Food & Beverages:_____

_____

Observances(nature, wildlife, etc):_____

_____

_____

Most memorable event: _____

_____

_____

Notes for next time: _____

_____

_____

_____

_____

Trail drawing / Favorite photo:

Hike/Trail Name:

City / State:_____ Date:_____

Location:_____

Time: _Start:_____ _End:_____

Total Duration:_____ Total Distance:_____

Elevation Gain / Loss: _____

Trail(s): _____

_____

Difficulty: ⭐☆☆☆☆   Rating: ⭐☆☆☆☆

Weather: ☀ ⛅ 🌦 ☁ 🌧 ⛈ 🌨 🌡

GPS: _Start:_____ _End:_____

Trail Type: ○ Out & Back ○ Loop ○ One Way / Shuttle

Trail Conditions: _____

Trail Surface:_____

Terrain / Sightings: _____

_____

Cell Phone Reception: _____

Hiked with:_____

_____

Water Available:_____

Facilities: _____

_____

Food & Beverages:_____

_____

Observances(nature, wildlife, etc): _____
_____
_____

Most memorable event: _____
_____
_____

Notes for next time: _____
_____
_____
_____
_____

Trail drawing / Favorite photo:

Hike/Trail Name:

City / State: _____ Date: _____

Location: _____

Time: *Start:* _____ *End:* _____

Total Duration: _____ Total Distance: _____

Elevation Gain / Loss: _____

Trail(s): _____

_____

Difficulty: ★★☆☆☆☆   Rating: ★★☆☆☆☆

Weather: ☀ ⛅ 🌦 ☁ 🌧 ⛈ 🌨 🌡

GPS: *Start:* _____ *End:* _____

Trail Type: ○ Out & Back ○ Loop ○ One Way / Shuttle

Trail Conditions: _____

Trail Surface: _____

Terrain / Sightings: _____

_____

Cell Phone Reception: _____

Hiked with: _____

_____

Water Available: _____

Facilities: _____

_____

Food & Beverages: _____

_____

Observances(nature, wildlife, etc): _____
_____
_____

Most memorable event: _____
_____
_____

Notes for next time: _____
_____
_____
_____
_____

Trail drawing / Favorite photo:

Hike/Trail Name:

City / State:_____ Date:_____

Location:_____

Time: *Start:*_____ *End:*_____

Total Duration:_____ Total Distance:_____

Elevation Gain / Loss:_____

Trail(s):_____

_____

Difficulty: ★☆☆☆☆   Rating: ★☆☆☆☆

Weather: ☀ ⛅ 🌦 ☁ 🌧 ⛈ 🌨 🌡___

GPS: *Start:*_____ *End:*_____

Trail Type: ○ Out & Back ○ Loop ○ One Way / Shuttle

Trail Conditions:_____

Trail Surface:_____

Terrain / Sightings:_____

_____

Cell Phone Reception:_____

Hiked with:_____

_____

Water Available:_____

Facilities:_____

_____

Food & Beverages:_____

_____

Observances(nature, wildlife, etc): _____

_____

_____

Most memorable event: _____

_____

_____

Notes for next time: _____

_____

_____

_____

_____

Trail drawing / Favorite photo:

Hike/Trail Name:

City / State: _____ Date: _____

Location: _____

Time: *Start:* _____ *End:* _____

Total Duration: _____ Total Distance: _____

Elevation Gain / Loss: _____

Trail(s): _____

_____

Difficulty: ⭐☆☆☆☆   Rating: ⭐☆☆☆☆

Weather: ☀️ 🌤️ 🌦️ ☁️ 🌧️ ⛈️ 🌨️ 🌡️ _____

GPS: *Start:* _____ *End:* _____

Trail Type: ○ Out & Back ○ Loop ○ One Way / Shuttle

Trail Conditions: _____

Trail Surface: _____

Terrain / Sightings: _____

_____

Cell Phone Reception: _____

Hiked with: _____

_____

Water Available: _____

Facilities: _____

_____

Food & Beverages: _____

_____

Observances(nature, wildlife, etc):_____

_____

_____

Most memorable event: _____

_____

_____

Notes for next time: _____

_____

_____

_____

Trail drawing / Favorite photo:

Hike/Trail Name:

City / State: _____ Date: _____

Location: _____

Time: *Start:* _____ *End:* _____

Total Duration: _____ Total Distance: _____

Elevation Gain / Loss: _____

Trail(s): _____

_____

Difficulty: ⭐☆☆☆☆   Rating: ⭐☆☆☆☆

Weather: ☀️ 🌤️ 🌦️ ☁️ 🌧️ ⛈️ 🌨️ 🌡️

GPS: *Start:* _____ *End:* _____

Trail Type: ○ Out & Back ○ Loop ○ One Way / Shuttle

Trail Conditions: _____

Trail Surface: _____

Terrain / Sightings: _____

_____

Cell Phone Reception: _____

Hiked with: _____

_____

Water Available: _____

Facilities: _____

_____

Food & Beverages: _____

_____

Observances(nature, wildlife, etc): _____

_____

_____

Most memorable event: _____

_____

_____

Notes for next time: _____

_____

_____

_____

_____

Trail drawing / Favorite photo:

Hike/Trail Name:

City / State: _____ Date: _____

Location: _____

Time: *Start:* _____ *End:* _____

Total Duration: _____ Total Distance: _____

Elevation Gain / Loss: _____

Trail(s): _____

_____

Difficulty: ⭐️☆☆☆☆   Rating: ⭐️☆☆☆☆

Weather: ☀️ ⛅️ 🌦 ☁️ 🌧 ⛈ 🌨 🌡

GPS: *Start:* _____ *End:* _____

Trail Type: ○ Out & Back ○ Loop ○ One Way / Shuttle

Trail Conditions: _____

Trail Surface: _____

Terrain / Sightings: _____

_____

Cell Phone Reception: _____

Hiked with: _____

_____

Water Available: _____

Facilities: _____

_____

Food & Beverages: _____

_____

Observances(nature, wildlife, etc): _____

_____

_____

Most memorable event: _____

_____

_____

Notes for next time: _____

_____

_____

_____

_____

Trail drawing / Favorite photo:

Hike/Trail Name:

City / State:_____ Date:_____

Location:_____

Time: *Start:*_____ *End:*_____

Total Duration:_____ Total Distance:_____

Elevation Gain / Loss: _____

Trail(s): _____

_____

Difficulty: ⭐☆☆☆☆ Rating: ⭐☆☆☆☆

Weather: ☀️ ⛅ 🌦️ ☁️ 🌧️ ⛈️ 🌨️ 🌡️___

GPS: *Start:*_____ *End:*_____

Trail Type: ○ Out & Back ○ Loop ○ One Way / Shuttle

Trail Conditions: _____

Trail Surface:_____

Terrain / Sightings: _____

_____

Cell Phone Reception: _____

Hiked with: _____

_____

Water Available:_____

Facilities: _____

_____

Food & Beverages: _____

_____

Observances(nature, wildlife, etc): _____

_____

_____

Most memorable event: _____

_____

_____

Notes for next time: _____

_____

_____

_____

_____

Trail drawing / Favorite photo:

Hike/Trail Name:

City / State: _____ Date: _____

Location: _____

Time: *Start:* _____ *End:* _____

Total Duration: _____ Total Distance: _____

Elevation Gain / Loss: _____

Trail(s): _____

_____

Difficulty: ★☆☆☆☆   Rating: ★☆☆☆☆

Weather: ☀ ⛅ 🌦 ☁ 🌧 ⛈ 🌨 🌡

GPS: *Start:* _____ *End:* _____

Trail Type: ○ Out & Back ○ Loop ○ One Way / Shuttle

Trail Conditions: _____

Trail Surface: _____

Terrain / Sightings: _____

_____

Cell Phone Reception: _____

Hiked with: _____

_____

Water Available: _____

Facilities: _____

_____

Food & Beverages: _____

_____

Observances(nature, wildlife, etc): _____

_____

_____

Most memorable event: _____

_____

_____

Notes for next time: _____

_____

_____

_____

_____

Trail drawing / Favorite photo:

Hike/Trail Name:

City / State:_____ Date:_____

Location:_____

Time: *Start:*_____ *End:*_____

Total Duration:_____ Total Distance:_____

Elevation Gain / Loss:_____

Trail(s):_____

_____

Difficulty: ★★☆☆☆ Rating: ★★☆☆☆

Weather: ☀ ⛅ 🌦 ☁ 🌧 ⛈ 🌨 🌡___

GPS: *Start:*_____ *End:*_____

Trail Type: ○ Out & Back ○ Loop ○ One Way / Shuttle

Trail Conditions:_____

Trail Surface:_____

Terrain / Sightings:_____

_____

Cell Phone Reception:_____

Hiked with:_____

_____

Water Available:_____

Facilities:_____

_____

Food & Beverages:_____

_____

Observances(nature, wildlife, etc): _____

_____

_____

Most memorable event: _____

_____

_____

Notes for next time: _____

_____

_____

_____

_____

Trail drawing / Favorite photo:

Hike/Trail Name:

City / State: _____ Date: _____

Location: _____

Time: *Start:* _____ *End:* _____

Total Duration: _____ Total Distance: _____

Elevation Gain / Loss: _____

Trail(s): _____

_____

Difficulty: ⯪☆☆☆☆   Rating: ⯪☆☆☆☆

Weather: ☀ ⛅ 🌦 ☁ 🌧 ⛈ 🌨 🌡

GPS: *Start:* _____ *End:* _____

Trail Type: ○ Out & Back ○ Loop ○ One Way / Shuttle

Trail Conditions: _____

Trail Surface: _____

Terrain / Sightings: _____

_____

Cell Phone Reception: _____

Hiked with: _____

_____

Water Available: _____

Facilities: _____

_____

Food & Beverages: _____

_____

Observances(nature, wildlife, etc):_____

_____

_____

Most memorable event: _____

_____

_____

Notes for next time: _____

_____

_____

_____

_____

Trail drawing / Favorite photo:

Hike/Trail Name:

City / State: _____ Date: _____

Location: _____

Time: *Start:* _____ *End:* _____

Total Duration: _____ Total Distance: _____

Elevation Gain / Loss: _____

Trail(s): _____

Difficulty: ★½ ☆ ☆ ☆   Rating: ★½ ☆ ☆ ☆

Weather: ☀ ⛅ 🌦 ☁ 🌧 ⛈ 🌨 🌡

GPS: *Start:* _____ *End:* _____

Trail Type: ○ Out & Back ○ Loop ○ One Way / Shuttle

Trail Conditions: _____

Trail Surface: _____

Terrain / Sightings: _____

_____

Cell Phone Reception: _____

Hiked with: _____

_____

Water Available: _____

Facilities: _____

_____

Food & Beverages: _____

_____

Observances(nature, wildlife, etc):_____

_____

_____

Most memorable event: _____

_____

_____

Notes for next time: _____

_____

_____

_____

_____

Trail drawing / Favorite photo:

Hike/Trail Name:

City / State: _____ Date: _____

Location: _____

Time: *Start:* _____ *End:* _____

Total Duration: _____ Total Distance: _____

Elevation Gain / Loss: _____

Trail(s): _____

_____

Difficulty: ⯨ ☆ ☆ ☆ ☆   Rating: ⯨ ☆ ☆ ☆ ☆

Weather: ☀ ⛅ 🌦 ☁ 🌧 ⛈ 🌨 🌡

GPS: *Start:* _____ *End:* _____

Trail Type: ○ Out & Back ○ Loop ○ One Way / Shuttle

Trail Conditions: _____

Trail Surface: _____

Terrain / Sightings: _____

_____

Cell Phone Reception: _____

Hiked with: _____

_____

Water Available: _____

Facilities: _____

_____

Food & Beverages: _____

_____

Observances(nature, wildlife, etc): _____

_____

_____

Most memorable event: _____

_____

_____

Notes for next time: _____

_____

_____

_____

_____

Trail drawing / Favorite photo:

Hike/Trail Name:

City / State: _____ Date: _____

Location: _____

Time: *Start:* _____ *End:* _____

Total Duration: _____ Total Distance: _____

Elevation Gain / Loss: _____

Trail(s): _____

_____

Difficulty: ⭐☆☆☆☆   Rating: ⭐☆☆☆☆

Weather: ☀️ 🌤️ 🌦️ ☁️ 🌧️ ⛈️ 🌨️ 🌡️

GPS: *Start:* _____ *End:* _____

Trail Type: ○ Out & Back ○ Loop ○ One Way / Shuttle

Trail Conditions: _____

Trail Surface: _____

Terrain / Sightings: _____

_____

Cell Phone Reception: _____

Hiked with: _____

_____

Water Available: _____

Facilities: _____

_____

Food & Beverages: _____

_____

Observances(nature, wildlife, etc):_____

_____

_____

Most memorable event: _____

_____

_____

Notes for next time: _____

_____

_____

_____

_____

Trail drawing / Favorite photo:

Hike/Trail Name:

City / State: _____ Date: _____

Location: _____

Time: *Start:* _____ *End:* _____

Total Duration: _____ Total Distance: _____

Elevation Gain / Loss: _____

Trail(s): _____

_____

Difficulty: ⭐☆☆☆☆ Rating: ⭐☆☆☆☆

Weather: ☀ ⛅ 🌦 ☁ 🌧 ⛈ 🌨 🌡

GPS: *Start:* _____ *End:* _____

Trail Type: ○ Out & Back ○ Loop ○ One Way / Shuttle

Trail Conditions: _____

Trail Surface: _____

Terrain / Sightings: _____

_____

Cell Phone Reception: _____

Hiked with: _____

_____

Water Available: _____

Facilities: _____

_____

Food & Beverages: _____

_____

Observances(nature, wildlife, etc):_____

_____

_____

Most memorable event: _____

_____

_____

Notes for next time: _____

_____

_____

_____

_____

Trail drawing / Favorite photo:

Hike/Trail Name:

City / State: _____ Date: _____

Location: _____

Time: *Start:* _____ *End:* _____

Total Duration: _____ Total Distance: _____

Elevation Gain / Loss: _____

Trail(s): _____

_____

Difficulty: ⚡☆☆☆☆   Rating: ★⯨☆☆☆

Weather: ☀ ⛅ 🌦 ☁ 🌧 ⛈ 🌨 🌡___

GPS: *Start:* _____ *End:* _____

Trail Type: ○ Out & Back ○ Loop ○ One Way / Shuttle

Trail Conditions: _____

Trail Surface: _____

Terrain / Sightings: _____

_____

Cell Phone Reception: _____

Hiked with: _____

_____

Water Available: _____

Facilities: _____

_____

Food & Beverages: _____

_____

Observances(nature, wildlife, etc): _____

_____

_____

Most memorable event: _____

_____

_____

Notes for next time: _____

_____

_____

_____

_____

Trail drawing / Favorite photo:

Hike/Trail Name:

City / State: _____ Date: _____

Location: _____

Time: *Start:* _____ *End:* _____

Total Duration: _____ Total Distance: _____

Elevation Gain / Loss: _____

Trail(s): _____

_____

Difficulty: ⚡️ ☆ ☆ ☆ ☆   Rating: ⚡️ ☆ ☆ ☆ ☆

Weather: ☀️ ⛅️ 🌦️ ☁️ 🌧️ ⛈️ 🌨️ 🌡️ _____

GPS: *Start:* _____ *End:* _____

Trail Type: ◯ Out & Back ◯ Loop ◯ One Way / Shuttle

Trail Conditions: _____

Trail Surface: _____

Terrain / Sightings: _____

_____

Cell Phone Reception: _____

Hiked with: _____

_____

Water Available: _____

Facilities: _____

_____

Food & Beverages: _____

_____

Observances(nature, wildlife, etc):_____

_____

_____

Most memorable event: _____

_____

_____

Notes for next time: _____

_____

_____

_____

_____

Trail drawing / Favorite photo:

Hike/Trail Name:

City / State: _____ Date: _____

Location: _____

Time: *Start:* _____ *End:* _____

Total Duration: _____ Total Distance: _____

Elevation Gain / Loss: _____

Trail(s): _____

_____

Difficulty: ⚡☆☆☆☆   Rating: ★☆☆☆☆

Weather: ☀️ ⛅ 🌦️ ☁️ 🌧️ ⛈️ 🌨️ 🌡️

GPS: *Start:* _____ *End:* _____

Trail Type: ○ Out & Back ○ Loop ○ One Way / Shuttle

Trail Conditions: _____

Trail Surface: _____

Terrain / Sightings: _____

_____

Cell Phone Reception: _____

Hiked with: _____

_____

Water Available: _____

Facilities: _____

_____

Food & Beverages: _____

_____

Observances(nature, wildlife, etc):_____

_____

_____

Most memorable event: _____

_____

_____

Notes for next time: _____

_____

_____

_____

_____

Trail drawing / Favorite photo:

Hike/Trail Name:

City / State: _____ Date: _____

Location: _____

Time: *Start:* _____ *End:* _____

Total Duration: _____ Total Distance: _____

Elevation Gain / Loss: _____

Trail(s): _____

_____

Difficulty: ⚡☆☆☆☆ Rating: ⚡☆☆☆☆

Weather: ☀ ⛅ 🌦 ☁ 🌧 ⛈ 🌨 🌡

GPS: *Start:* _____ *End:* _____

Trail Type: ○ Out & Back ○ Loop ○ One Way / Shuttle

Trail Conditions: _____

Trail Surface: _____

Terrain / Sightings: _____

_____

Cell Phone Reception: _____

Hiked with: _____

_____

Water Available: _____

Facilities: _____

_____

Food & Beverages: _____

_____

Observances(nature, wildlife, etc): _____

_____

_____

Most memorable event: _____

_____

_____

Notes for next time: _____

_____

_____

_____

_____

Trail drawing / Favorite photo:

Hike/Trail Name:

City / State:_____ Date:_____

Location: _____

Time: *Start:*_____ *End:*_____

Total Duration:_____ Total Distance:_____

Elevation Gain / Loss: _____

Trail(s): _____

_____

Difficulty: ⚡★☆☆☆☆   Rating: ★☆☆☆☆

Weather: ☀ ⛅ 🌦 ☁ 🌧 ⛈ 🌨 🌡___

GPS: *Start:*_____ *End:*_____

Trail Type: ○ Out & Back ○ Loop ○ One Way / Shuttle

Trail Conditions: _____

Trail Surface:_____

Terrain / Sightings: _____

_____

Cell Phone Reception: _____

Hiked with:_____

_____

Water Available:_____

Facilities: _____

_____

Food & Beverages: _____

_____

Observances(nature, wildlife, etc):

Most memorable event:

Notes for next time:

Trail drawing / Favorite photo:

Hike/Trail Name:

City / State:_____ Date:_____

Location:_____

Time: *Start:*_____ *End:*_____

Total Duration:_____ Total Distance:_____

Elevation Gain / Loss:_____

Trail(s):_____

_____

Difficulty: ⯪☆☆☆☆   Rating: ⯪☆☆☆☆

Weather: ☀ ⛅ 🌦 ☁ 🌧 ⛈ 🌨 🌡

GPS: *Start:*_____ *End:*_____

Trail Type: ○ Out & Back ○ Loop ○ One Way / Shuttle

Trail Conditions:_____

Trail Surface:_____

Terrain / Sightings:_____

_____

Cell Phone Reception:_____

Hiked with:_____

_____

Water Available:_____

Facilities:_____

_____

Food & Beverages:_____

_____

Observances(nature, wildlife, etc): _____

_____

Most memorable event: _____

_____

Notes for next time: _____

_____

_____

Trail drawing / Favorite photo:

Hike/Trail Name:

City / State: _____ Date: _____

Location: _____

Time: *Start:* _____ *End:* _____

Total Duration: _____ Total Distance: _____

Elevation Gain / Loss: _____

Trail(s): _____

_____

Difficulty: ★☆☆☆☆   Rating: ★☆☆☆☆

Weather: ☀ ⛅ 🌦 ☁ 🌧 ⛈ 🌨 🌡 _____

GPS: *Start:* _____ *End:* _____

Trail Type: ○ Out & Back ○ Loop ○ One Way / Shuttle

Trail Conditions: _____

Trail Surface: _____

Terrain / Sightings: _____

_____

Cell Phone Reception: _____

Hiked with: _____

_____

Water Available: _____

Facilities: _____

_____

Food & Beverages: _____

_____

Observances(nature, wildlife, etc): _____
_____
_____

Most memorable event: _____
_____
_____

Notes for next time: _____
_____
_____
_____
_____

Trail drawing / Favorite photo:

Hike/Trail Name:

City / State: _____ Date: _____

Location: _____

Time: *Start:* _____ *End:* _____

Total Duration: _____ Total Distance: _____

Elevation Gain / Loss: _____

Trail(s): _____

_____

Difficulty: ⚡☆☆☆☆   Rating: ⚡☆☆☆☆

Weather: ☀️ ⛅ 🌦️ ☁️ 🌧️ ⛈️ 🌨️ 🌡️___

GPS: *Start:* _____ *End:* _____

Trail Type: ○ Out & Back ○ Loop ○ One Way / Shuttle

Trail Conditions: _____

Trail Surface: _____

Terrain / Sightings: _____

_____

Cell Phone Reception: _____

Hiked with: _____

_____

Water Available: _____

Facilities: _____

_____

Food & Beverages: _____

_____

Observances(nature, wildlife, etc): _____

_____

_____

Most memorable event: _____

_____

_____

Notes for next time: _____

_____

_____

_____

_____

Trail drawing / Favorite photo:

Hike/Trail Name:

City / State: _____ Date: _____

Location: _____

Time: *Start:* _____ *End:* _____

Total Duration: _____ Total Distance: _____

Elevation Gain / Loss: _____

Trail(s): _____

Difficulty: ⚡☆☆☆☆   Rating: ⚡☆☆☆☆

Weather: ☀ ⛅ 🌦 ☁ 🌧 ⛈ 🌨 🌡 ___

GPS: *Start:* _____ *End:* _____

Trail Type: ○ Out & Back ○ Loop ○ One Way / Shuttle

Trail Conditions: _____

Trail Surface: _____

Terrain / Sightings: _____

_____

Cell Phone Reception: _____

Hiked with: _____

_____

Water Available: _____

Facilities: _____

_____

Food & Beverages: _____

_____

Observances(nature, wildlife, etc): _____

_____

_____

Most memorable event: _____

_____

_____

Notes for next time: _____

_____

_____

_____

_____

Trail drawing / Favorite photo:

Hike/Trail Name:

City / State: _____ Date: _____

Location: _____

Time: *Start:* _____ *End:* _____

Total Duration: _____ Total Distance: _____

Elevation Gain / Loss: _____

Trail(s): _____

Difficulty: ★ ☆ ☆ ☆ ☆   Rating: ★ ☆ ☆ ☆ ☆

Weather: ☀ ⛅ 🌦 ☁ 🌧 ⛈ 🌨 🌡___

GPS: *Start:* _____ *End:* _____

Trail Type: ○ Out & Back ○ Loop ○ One Way / Shuttle

Trail Conditions: _____

Trail Surface: _____

Terrain / Sightings: _____

_____

Cell Phone Reception: _____

Hiked with: _____

_____

Water Available: _____

Facilities: _____

_____

Food & Beverages: _____

_____

Observances(nature, wildlife, etc): _____

_____

_____

Most memorable event: _____

_____

_____

Notes for next time: _____

_____

_____

_____

_____

Trail drawing / Favorite photo:

Hike/Trail Name:

City / State: _____ Date: _____

Location: _____

Time: *Start:* _____ *End:* _____

Total Duration: _____ Total Distance: _____

Elevation Gain / Loss: _____

Trail(s): _____

_____

Difficulty: ⚡☆☆☆☆   Rating: ⚡☆☆☆☆

Weather: ☀ ⛅ 🌦 ☁ 🌧 ⛈ 🌨 🌡___

GPS: *Start:* _____ *End:* _____

Trail Type: ○ Out & Back ○ Loop ○ One Way / Shuttle

Trail Conditions: _____

Trail Surface: _____

Terrain / Sightings: _____

_____

Cell Phone Reception: _____

Hiked with: _____

_____

Water Available: _____

Facilities: _____

_____

Food & Beverages: _____

_____

Observances(nature, wildlife, etc):_____

_____

_____

Most memorable event: _____

_____

_____

Notes for next time: _____

_____

_____

_____

_____

Trail drawing / Favorite photo:

Hike/Trail Name:

City / State: _____ Date: _____

Location: _____

Time: *Start:* _____ *End:* _____

Total Duration: _____ Total Distance: _____

Elevation Gain / Loss: _____

Trail(s): _____

_____

Difficulty: ⭐☆☆☆☆   Rating: ⭐☆☆☆☆

Weather: ☀️ 🌤️ 🌦️ ☁️ 🌧️ ⛈️ 🌨️ 🌡️___

GPS: *Start:* _____ *End:* _____

Trail Type: ○ Out & Back ○ Loop ○ One Way / Shuttle

Trail Conditions: _____

Trail Surface: _____

Terrain / Sightings: _____

_____

Cell Phone Reception: _____

Hiked with: _____

_____

Water Available: _____

Facilities: _____

_____

Food & Beverages: _____

_____

Observances(nature, wildlife, etc):_____
_____
_____

Most memorable event: _____
_____
_____

Notes for next time: _____
_____
_____
_____
_____

Trail drawing / Favorite photo:

Hike/Trail Name:

City / State: _____ Date: _____

Location: _____

Time: *Start:* _____ *End:* _____

Total Duration: _____ Total Distance: _____

Elevation Gain / Loss: _____

Trail(s): _____

_____

Difficulty: ⭐☆☆☆☆   Rating: ⭐☆☆☆☆

Weather: ☀️ ⛅ 🌦️ ☁️ 🌧️ ⛈️ 🌨️ 🌡️ ____

GPS: *Start:* _____ *End:* _____

Trail Type: ○ Out & Back ○ Loop ○ One Way / Shuttle

Trail Conditions: _____

Trail Surface: _____

Terrain / Sightings: _____

_____

Cell Phone Reception: _____

Hiked with: _____

_____

Water Available: _____

Facilities: _____

_____

Food & Beverages: _____

_____

Observances(nature, wildlife, etc): _____

_____

_____

Most memorable event: _____

_____

_____

Notes for next time: _____

_____

_____

_____

_____

Trail drawing / Favorite photo:

Hike/Trail Name:

City / State: _____ Date: _____

Location: _____

Time: *Start:* _____ *End:* _____

Total Duration: _____ Total Distance: _____

Elevation Gain / Loss: _____

Trail(s): _____

_____

Difficulty: ⭐☆☆☆☆   Rating: ⭐☆☆☆☆

Weather: ☀️ 🌤️ 🌦️ ☁️ 🌧️ ⛈️ 🌨️ 🌡️___

GPS: *Start:* _____ *End:* _____

Trail Type: ○ Out & Back ○ Loop ○ One Way / Shuttle

Trail Conditions: _____

Trail Surface: _____

Terrain / Sightings: _____

_____

Cell Phone Reception: _____

Hiked with: _____

_____

Water Available: _____

Facilities: _____

_____

Food & Beverages: _____

_____

Observances(nature, wildlife, etc):_____
_____
_____
Most memorable event: _____
_____
_____
Notes for next time: _____
_____
_____
_____
_____

Trail drawing / Favorite photo:

Hike/Trail Name:

City / State: _____ Date: _____

Location: _____

Time: *Start:* _____ *End:* _____

Total Duration: _____ Total Distance: _____

Elevation Gain / Loss: _____

Trail(s): _____

_____

Difficulty: ⭐☆☆☆☆   Rating: ⭐☆☆☆☆

Weather: ☀️ ⛅ 🌦️ ☁️ 🌧️ ⛈️ 🌨️ 🌡️ _____

GPS: *Start:* _____ *End:* _____

Trail Type: ○ Out & Back ○ Loop ○ One Way / Shuttle

Trail Conditions: _____

Trail Surface: _____

Terrain / Sightings: _____

_____

Cell Phone Reception: _____

Hiked with: _____

_____

Water Available: _____

Facilities: _____

_____

Food & Beverages: _____

_____

Observances(nature, wildlife, etc):_____

_____

_____

Most memorable event: _____

_____

_____

Notes for next time: _____

_____

_____

_____

_____

Trail drawing / Favorite photo:

Hike/Trail Name:

City / State: _____ Date: _____

Location: _____

Time: *Start:* _____ *End:* _____

Total Duration: _____ Total Distance: _____

Elevation Gain / Loss: _____

Trail(s): _____

_____

Difficulty: ⚡☆☆☆☆   Rating: ⚡☆☆☆☆

Weather: ☀️ ⛅ 🌦️ ☁️ 🌧️ ⛈️ 🌨️ 🌡️

GPS: *Start:* _____ *End:* _____

Trail Type: ◯ Out & Back ◯ Loop ◯ One Way / Shuttle

Trail Conditions: _____

Trail Surface: _____

Terrain / Sightings: _____

_____

Cell Phone Reception: _____

Hiked with: _____

_____

Water Available: _____

Facilities: _____

_____

Food & Beverages: _____

_____

Observances(nature, wildlife, etc): _____

_____

_____

Most memorable event: _____

_____

_____

Notes for next time: _____

_____

_____

_____

_____

Trail drawing / Favorite photo:

Hike/Trail Name:

City / State: _____ Date: _____

Location: _____

Time: *Start:* _____ *End:* _____

Total Duration: _____ Total Distance: _____

Elevation Gain / Loss: _____

Trail(s): _____

_____

Difficulty: ⭐☆☆☆☆   Rating: ⭐☆☆☆☆

Weather: ☀️ 🌤️ 🌦️ ☁️ 🌧️ ⛈️ 🌨️ 🌡️___

GPS: *Start:* _____ *End:* _____

Trail Type: ○ Out & Back ○ Loop ○ One Way / Shuttle

Trail Conditions: _____

Trail Surface: _____

Terrain / Sightings: _____

_____

Cell Phone Reception: _____

Hiked with: _____

_____

Water Available: _____

Facilities: _____

_____

Food & Beverages: _____

_____

Observances(nature, wildlife, etc): _____

_____

_____

Most memorable event: _____

_____

_____

Notes for next time: _____

_____

_____

_____

Trail drawing / Favorite photo:

Hike/Trail Name:

City / State: _____ Date: _____

Location: _____

Time: *Start:* _____ *End:* _____

Total Duration: _____ Total Distance: _____

Elevation Gain / Loss: _____

Trail(s): _____

_____

Difficulty: ⯪ ☆ ☆ ☆ ☆   Rating: ⯪ ☆ ☆ ☆ ☆

Weather: ☀ ⛅ 🌦 ☁ 🌧 ⛈ 🌨 🌡

GPS: *Start:* _____ *End:* _____

Trail Type: ○ Out & Back   ○ Loop   ○ One Way / Shuttle

Trail Conditions: _____

Trail Surface: _____

Terrain / Sightings: _____

_____

Cell Phone Reception: _____

Hiked with: _____

_____

Water Available: _____

Facilities: _____

_____

Food & Beverages: _____

_____

Observances(nature, wildlife, etc): _____

_____

_____

Most memorable event: _____

_____

_____

Notes for next time: _____

_____

_____

_____

_____

Trail drawing / Favorite photo:

Hike/Trail Name:

City / State: _____ Date: _____

Location: _____

Time: *Start:* _____ *End:* _____

Total Duration: _____ Total Distance: _____

Elevation Gain / Loss: _____

Trail(s): _____

_____

Difficulty: ⯪ ☆ ☆ ☆ ☆   Rating: ⯪ ☆ ☆ ☆ ☆

Weather: ☀ ⛅ 🌦 ☁ 🌧 ⛈ 🌨 🌡

GPS: *Start:* _____ *End:* _____

Trail Type: ○ Out & Back ○ Loop ○ One Way / Shuttle

Trail Conditions: _____

Trail Surface: _____

Terrain / Sightings: _____

_____

Cell Phone Reception: _____

Hiked with: _____

_____

Water Available: _____

Facilities: _____

_____

Food & Beverages: _____

_____

Observances(nature, wildlife, etc):_____

_____

_____

Most memorable event: _____

_____

_____

Notes for next time: _____

_____

_____

_____

_____

Trail drawing / Favorite photo:

Hike/Trail Name:

City / State: _____ Date: _____

Location: _____

Time: *Start:* _____ *End:* _____

Total Duration: _____ Total Distance: _____

Elevation Gain / Loss: _____

Trail(s): _____

_____

Difficulty: ⭐☆☆☆☆   Rating: ⭐☆☆☆☆

Weather: ☀️ ⛅ 🌦️ ☁️ 🌧️ ⛈️ 🌨️ 🌡️___

GPS: *Start:* _____ *End:* _____

Trail Type: ○ Out & Back ○ Loop ○ One Way / Shuttle

Trail Conditions: _____

Trail Surface: _____

Terrain / Sightings: _____

_____

Cell Phone Reception: _____

Hiked with: _____

_____

Water Available: _____

Facilities: _____

_____

Food & Beverages: _____

_____

Observances(nature, wildlife, etc): _____

_____

_____

Most memorable event: _____

_____

_____

Notes for next time: _____

_____

_____

_____

_____

Trail drawing / Favorite photo:

Hike/Trail Name:

City / State: _____ Date: _____

Location: _____

Time: *Start:* _____ *End:* _____

Total Duration: _____ Total Distance: _____

Elevation Gain / Loss: _____

Trail(s): _____

_____

Difficulty: ★ ☆ ☆ ☆ ☆   Rating: ★ ☆ ☆ ☆ ☆

Weather: ☀ ⛅ 🌦 ☁ 🌧 ⛈ 🌨 🌡

GPS: *Start:* _____ *End:* _____

Trail Type: ○ Out & Back ○ Loop ○ One Way / Shuttle

Trail Conditions: _____

Trail Surface: _____

Terrain / Sightings: _____

_____

Cell Phone Reception: _____

Hiked with: _____

_____

Water Available: _____

Facilities: _____

_____

Food & Beverages: _____

_____

Observances(nature, wildlife, etc):_____

_____

_____

Most memorable event: _____

_____

_____

Notes for next time: _____

_____

_____

_____

_____

Trail drawing / Favorite photo:

Hike/Trail Name:

City / State: _____ Date: _____

Location: _____

Time: *Start:* _____ *End:* _____

Total Duration: _____ Total Distance: _____

Elevation Gain / Loss: _____

Trail(s): _____

_____

Difficulty: ★ ☆ ☆ ☆ ☆   Rating: ★ ☆ ☆ ☆ ☆

Weather: ☀ ⛅ 🌦 ☁ 🌧 ⛈ 🌨 🌡 _____

GPS: *Start:* _____ *End:* _____

Trail Type: ○ Out & Back ○ Loop ○ One Way / Shuttle

Trail Conditions: _____

Trail Surface: _____

Terrain / Sightings: _____

_____

Cell Phone Reception: _____

Hiked with: _____

_____

Water Available: _____

Facilities: _____

_____

Food & Beverages: _____

_____

Observances(nature, wildlife, etc):_____

_____

_____

Most memorable event: _____

_____

_____

Notes for next time: _____

_____

_____

_____

_____

Trail drawing / Favorite photo:

Hike/Trail Name:

City / State: _____ Date: _____

Location: _____

Time: *Start:* _____ *End:* _____

Total Duration: _____ Total Distance: _____

Elevation Gain / Loss: _____

Trail(s): _____

_____

Difficulty: ⚡☆☆☆☆   Rating: ⚡☆☆☆☆

Weather: ☀️ ⛅ 🌦️ ☁️ 🌧️ ⛈️ 🌨️ 🌡️____

GPS: *Start:* _____ *End:* _____

Trail Type: ○ Out & Back ○ Loop ○ One Way / Shuttle

Trail Conditions: _____

Trail Surface: _____

Terrain / Sightings: _____

_____

Cell Phone Reception: _____

Hiked with: _____

_____

Water Available: _____

Facilities: _____

_____

Food & Beverages: _____

_____

Observances(nature, wildlife, etc):_____

_____

_____

Most memorable event: _____

_____

_____

Notes for next time: _____

_____

_____

_____

_____

Trail drawing / Favorite photo:

Hike/Trail Name:

City / State:_____ Date:_____

Location:_____

Time: *Start:*_____ *End:*_____

Total Duration:_____ Total Distance:_____

Elevation Gain / Loss:_____

Trail(s):_____

_____

Difficulty: ★☆☆☆☆   Rating: ★☆☆☆☆

Weather: ☀ ⛅ 🌦 ☁ 🌧 ⛈ 🌨 🌡___

GPS: *Start:*_____ *End:*_____

Trail Type: ○ Out & Back ○ Loop ○ One Way / Shuttle

Trail Conditions:_____

Trail Surface:_____

Terrain / Sightings:_____

_____

Cell Phone Reception:_____

Hiked with:_____

_____

Water Available:_____

Facilities:_____

_____

Food & Beverages:_____

_____

Observances(nature, wildlife, etc):_____

_____

_____

Most memorable event: _____

_____

_____

Notes for next time: _____

_____

_____

_____

Trail drawing / Favorite photo:

Hike/Trail Name:

City / State: _____ Date: _____

Location: _____

Time: *Start:* _____ *End:* _____

Total Duration: _____ Total Distance: _____

Elevation Gain / Loss: _____

Trail(s): _____

Difficulty: ⯪ ☆ ☆ ☆ ☆   Rating: ⯪ ☆ ☆ ☆ ☆

Weather: ☀ ⛅ 🌦 ☁ 🌧 ⛈ 🌨 🌡

GPS: *Start:* _____ *End:* _____

Trail Type: ○ Out & Back ○ Loop ○ One Way / Shuttle

Trail Conditions: _____

Trail Surface: _____

Terrain / Sightings: _____

Cell Phone Reception: _____

Hiked with: _____

Water Available: _____

Facilities: _____

Food & Beverages: _____

Observances(nature, wildlife, etc):_____

_____

_____

Most memorable event: _____

_____

_____

Notes for next time: _____

_____

_____

_____

Trail drawing / Favorite photo:

Hike/Trail Name:

City / State: _____ Date: _____

Location: _____

Time: *Start:* _____ *End:* _____

Total Duration: _____ Total Distance: _____

Elevation Gain / Loss: _____

Trail(s): _____

_____

Difficulty: ⭐☆☆☆☆   Rating: ⭐☆☆☆☆

Weather: ☀ ⛅ 🌦 ☁ 🌧 ⛈ 🌨 🌡_____

GPS: *Start:* _____ *End:* _____

Trail Type: ○ Out & Back ○ Loop ○ One Way / Shuttle

Trail Conditions: _____

Trail Surface: _____

Terrain / Sightings: _____

_____

Cell Phone Reception: _____

Hiked with: _____

_____

Water Available: _____

Facilities: _____

_____

Food & Beverages: _____

Observances(nature, wildlife, etc):_____

_____

_____

Most memorable event: _____

_____

_____

Notes for next time: _____

_____

_____

_____

_____

Trail drawing / Favorite photo:

Hike/Trail Name:

City / State: _____ Date: _____

Location: _____

Time: *Start:* _____ *End:* _____

Total Duration: _____ Total Distance: _____

Elevation Gain / Loss: _____

Trail(s): _____

Difficulty: ⭐☆☆☆☆   Rating: ⭐☆☆☆☆

Weather: ☀️ 🌤️ 🌦️ ☁️ 🌧️ ⛈️ 🌨️ 🌡️

GPS: *Start:* _____ *End:* _____

Trail Type: ○ Out & Back ○ Loop ○ One Way / Shuttle

Trail Conditions: _____

Trail Surface: _____

Terrain / Sightings: _____

Cell Phone Reception: _____

Hiked with: _____

Water Available: _____

Facilities: _____

Food & Beverages: _____

Observances(nature, wildlife, etc):_____

_____

_____

Most memorable event: _____

_____

_____

Notes for next time: _____

_____

_____

_____

_____

Trail drawing / Favorite photo: